솔 그림을 그리며

시조사랑시인선 70

권택범
시조집

솔 그림을 그리며

열린출판

■시인의 말

첫 책을 내며

뒤늦게 시조 배워 민족시를 알았네
나날이 쓰고 찢는 고난의 습작 노트
어항 속 대어는커녕
피라미만 모였다

한두 편 쌓아둔 것 다시 보는 도돌이표
모아서 책을 내는 해바라기 양지 마음
설익은 가마솥 밥이
걱정되는 조바심

어설픈 첫번 책이 반면교사 되어서
조금씩 보폭늘려 달려가는 꿈을 꾼다
호박꽃 무딘 사랑이 열매 맺어 익도록

권택범 識

■ 차례

2부 민들레

3부 권금성

4부 백두대간

5부 안동 권문

1부 고향

고향의 봄

초록빛 떡갈 신갈 푸나무 한 짐 지고
무논에 흩뿌려서 첨벙첨벙 밟아대곤
갈색 물 우러날 때면
풍년 꿈에 젖었지

비탈진 언덕배기 보리 이랑 반짝이고
두메 골 다락무논 정겨운 소몰이 가락
골 가득 메아리 소리에
기지개 켜는 봄 나절

산나물

산나물 뜯으려고 산등성 돌고 돌아
향기가 흐르도록 머리에 이고 지고
오일장 정겨운 흥정
간고등어 몇 마리

고향

산으로 둘러싸인 쪽빛 하늘 동그랗고
나이 들어 등이 굽은 뒷동산 노송 향기
소쩍새 우는 사연을
새벽 별은 알려나

고향집

살구꽃 곱게 피던 산골 마을 맨 뒷집
탐스런 열매들이 철을 따라 풍성했지‥
우거진 잡초 더미에
낯이 설어 놀란다

바람이 불어오면 댓잎 소리 사각대고
소쩍새 울어주던 달빛 고운 그 초가집
둥지를 떠나온 날들
안개 속에 묻힌다

이사 가는 길

등에는 아이 업고 머리엔 한 짐 이고
고갯길 땀 흘리며 이사가는 어린 새댁
길 옆에 단풍잎 하나
원 그리며 떨어진다

상수리 큰 나무 숲 완만한 마루턱에
누른빛 개를 닮은 산짐승과 마주칠 때
큰애는 돌 주워들고
엄마 앞에 나선다

한 많은 이삿길은 무섭고 어려웠지
새 삶터 찾아가는 진땀 나는 설운 그날
엄마는 용감한 여자
철부지들 울타리

여우 이야기

겨울 밤 문설주에 달그락 나무 문패
잠못드는 새벽녘에 문풍지 바람 소리
더더욱 소름이 돋네
앞산골 여우 울음

그런 날 아침이면 어느 지붕에 망자의 옷
그 놈이 어찌 알고 이른 문상 했었을까
생과 사 미리 아나봐
묘지라도 파려나

연원 풍경

연원의 늦더위가
서수 입에 물렸는가

문정공 묘역 잔디
초록 땀에 젖어들고

하늘은 가을 구름 불러
제비 보낼 준비하네

*회장님 연원 사진을 보며~

이승의 끝날

설날이 낼 모렌데 아무 일도 못 하고
해지는 저녁나절 오십 초년 병이 깊어
철부지 어린것들이
눈에 밟혀 우신다

사모곡

선달의 엄마 기일 서럽고 짧은 일생
오십 년 배고픈 삶 떠나신 지 사십여 년
이 밤도 별빛 되어서
먼 길 달려 오소서

칠 형제 키우시다 신당골에 누우셨네
가신 지 언제였소 노인이 된 우리 형제
추억은 소쿠리 보리밥
먹기 바쁜 철부지들

달뜨는 밤이거든 산 노루 벗하시어
싸리꽃 향기 따라 이승을 거니시다
소쩍새 슬피 울어도
못 들은 척하세요

치매 졸업

한 세월 혼 담았던 낡은 몸을 태우시고
기억을 찾아가나 낯선 저쪽 세상
우울한 저승 대기실
가는 차편 모르고

찔레꽃

연한 순 앞세우고 하얀 얼굴 수줍어라
들과 산 척박한 땅 넝쿨 지어 품어 안고
낮달도 쉬었다 가는
하얀 내음 엄마 꽃

꽃 나그네

산수유 개나리꽃 민들레도 따라 웃네
살구꽃 복숭아꽃 활짝 웃는 꽃 대궐
매화 뜰 목련 핀 하늘
흰 구름에 달 가듯

윤사월

뻐꾸기 우는 봄날 꽃들 함께 봄이 간다
작은 새 둥지 엿봐 탁란 탁아 하려 한다
이따금 장끼 소리가
경계경보 알린다

하지

기나긴 낮의 시간 짧디짧은 밤 부럽다
구름이 비 데려와 더운 낮을 씻기우네
감자꽃 젖은 손으로
씨알 만져 키운다

감자

하얀 꽃 보라색 꽃 숨긴 씨알 자랑하네
긴 긴 날 해님과 비 굵게 굵게 주물렀다
한 가득 흰 구름 속살
보릿고개 버텼지

망초꽃

묵정밭 무리로 핀 민초 닮은 하얀 꽃
여름밤 미리내 빛 눈에 들어 노란 방점
들국화 공동명의로
이 땅 지킨 달걀 꽃

달 이야기

문명의 찌든 자만 달빛마저 가리우고
정월달 대보름도 귓등으로 듣는 세상
우주선 선무당 되어
옥 토끼를 쫓는가

세상의 찌든 먼지 달빛을 흐리는가
이야기 할머니는 등 떠밀려 요양가고
옥토끼 계수나무 터
토지 수용당했나

제 바쁜 세상 속에 대보름을 잊었나
궁금한 동심들은 엄마 등쌀 학원 가고
고운 결 은빛 나래가
빈 놀이터 지킨다

모임

하늘 끝 맑은 가을 남대리 찾아간다
단풍잎 고운 계절 김장 모임 설렌다
사랑을 버무려 담을
손길들이 반갑다

어머니

솔 넘어 콩밭 매고 해 거름에 바쁜 귀가
저녁 밥, 반찬 걱정 밥 한 솥에 된장찌개
일곱 놈 키워낸 역경
빈 껍데기 옹이 손

2부 민들레

민들레 홀씨

길섶에 민들레꽃 해 가릴라 밟힐세라
살짝이 피었다가 낙하산에 씨를 달고
서러움 하늘에 가득
날아가네 멀리도

노란 꽃 척박한 땅 초록 톱날 보초 세워
높다란 솟대 위에 하얀 결기 둥근 무장
하늘을 치솟는 공수군단
점령 못 할 땅 없지

흰 나래 채비하고 순풍을 기다린다
척박한 고향 떠나 가나안 약속의 땅
미소 꽃 노란 사랑이
에덴 동산 열었네

흰 목련

겨우내 정성 길삼 천의무봉 나래 옷을
달빛에 선보이고 님 마중을 나왔건만
꽃 다툼 아수라장에
무참히도 밟힌다

풍경

벚나무 흰 꽃길을 운동 삼아 내달린다
연초록 염색하나 수양버들 줄을 섰네
도림천 오리 몇 마리
봄 동무로 흐른다

도림내 하늘이고 한가득 비를 받네
춤추는 초목들이 만세하는 계절이다
오월은 흠집 난 행성
초록 보수 공사 중

개나리

노랑 종이 울린다 봄 시간이 왔다고
노랗게 걸터앉아 꽃 이야기 하다가
종다리 높은 노래에
귀 맞대고 듣는다

광교 호수

쇠 물닭 논병아리 줄풀 사이 자맥질을
풀섶에 풀 그림자 맴을 도는 봄 한나절
건너편 장끼 소리에
수련 한 눈 깨운다

갈대 물림

메마른 묵은 꽃들 만장으로 걸어놓고
진초록 잎새들을 발등으로 키워가네
옹골찬 대궁 들 때까지
마른 시신 미라로

이팝나무꽃을 보며

이밥에 쇠고깃국 천리마에 당근 약속
칠십 년 공수표에 속고 사는 우리 동포
고봉밥 진수성찬을
줄 수 없는 허리통

귀한 손님

상큼한 엄나무 순 돋았을까 찾은 곳에
푸르른 하늘 이고 진초록 순 춤을 춘다
여보오 고지 가위 들고
반가워서 까치 발

산수유

이른 봄 노란 웃음 온 동네를 사르더니
여름내 녹색 잎에 초록 땀을 매달았네
서리엔 볼이 붉구나
석양빛에 저 열매

능소화

소화 아씨 밝은 등불 하늘 향해 치켜들 때
애절한 그 마음을 임금님은 아시는지
낮달도 한가로운 척
구름 뒤로 숨는다

기다림 속절없이 붉은 빛만 애처롭다
한 가닥 소원 한 송이 피에 젖은 고운 입술
애달파 꽃이 된 사연
저녁별은 아는가

안 봐도 비디오

환기통 어두운 입구 둥지 튼 박새 가족
애벌레 한입 가득 눈치 보는 바쁜 어미
노란 입 조무래기들
소리로도 다 본다

매미

여름의 초청 가수 애절하게 노래한다
절제된 소리 변화 삼장육구 시원하네
유구한 조상의 노래
시조창을 듣는 듯

늦더위

잠자리 입추 전령 귀뚜라미 풀섶 입성
더위 너 선성蟬聲 따라 가야 할 때 잊었나
복더위 매미 떼창 속
한소끔 더 끓이네

철부지

무더위 내어 쫓고 갑자기 가을인데
그 바람 즐기려니 겨울 냉기 불어오네
흠집 난 지구 행성이
철몰라서 헤맨다

가을 그림

빛 좋은 붓 가지고 가을 풍경 그리려나
들국화 앞세우고 산천에 고운 단풍
아뿔싸 그림 망치네
노랑 빨강 번진다

들국화 향기 가득 나목들의 패션 모임
청량한 하늘 만 리 뻥 뚫린 우주 공간
붓 들고 황홀한 가을
구름 되어 떠도네

동화 마을

가을날 장마 멈춘 오솔길 버섯마을
부끄러워 숨었나요. 꼬마 지붕들 밑으로
까르르 웃음소리에
포자 가루 날리네

까치밥

주홍빛 감 홍시가 혼자 남아 흔들리네
참새가 부리 가득 붉은 단맛 파고 있다
낮달도 부러운 듯이
숨어보며 입다심

남대리 새벽

둥근달 하늘 가득 은빛 빨래 널어놓고
물소리 바람길에 돌아눕는 청정 산림
고라니 새끼 데리고
찬 이슬에 젖는다

흰 눈이

하얀 눈 소복소복 세상 추함 덮고 있다
한가득 쌓고 쌓아 순결한 백의 천국
내 발길 추한 무게에
이를 간다 '뽀드득'

습설이

부엌 창 멋진 그림 흰 눈 이고 선 소나무
다시 본 그림 창에 꺾여진 청솔 나무
무거운 오합지졸이
지고지순 짓밟네

다음 장면

목화솜 내려온다 마구마구 쏟아붓네
아파트 창밖으로 하늘 공연 하얀 세상
화려한 가을 무대를
새까맣게 잊은 듯

양수리에서

즐거운 강가 회식 대화 함께 천하일미
가을날 햇살 가득 북한강에 풀어 놓고
맘 가득 두물머리가
해종일 출렁인다

다산의 언저리에 옷깃 여민 땀의 등산
수종사 여래좌상 오백 년의 은행나무
은은한 다향에 젖어
옛사람을 그린다

이별

파킨슨 독한 놈의 뼈만 남은 포로의 삶
긴긴날 휠체어를 밀어주던 어린 손녀
재밌는 연속극 시간에
가족 몰래 가셨다

귀한 택배

취나물 두릅 함께 택함 받은 상자 안에
초핏잎 끼어들어 향기 가득 취하네
멀리서 귀한 산나물
보낸 마음 봄 향기

3부 권금성

권금성

설악동 바위 성을 숨 가쁘게 오르는 차
까마득한 철쇄 줄에 왕복하는 케이블카
아찔한 두려움들이
가득가득 줄 서네

숨 가삐 오른 성에 세상 모두 눈 아래다
바위 성 어지러움 산이 돈다 눈이 돈다
하행 카 덜컹대는 간
콩알보다 작아라

무릉 계곡

삼화사 깊은 계곡 쌍폭 소리 청명하다
옛 선비 취한 마음 반석 위에 새겨두고
무릉계 시원한 바위
세월 향기 맴돈다

두타산 관동팔경 베틀 바위 아찔하네
계 모임 무릉반석 석공 손에 새겨진 곳
오늘에 막걸리 한잔
옛이야기 듣는다

추암 공원

태평양 물 너울에 전해오는 하얀 소식
돌탑을 쌓아 올려 촛대로 세웠구나
갈매기 앉혀 놓고서
맞을 이가 누구랴

하이얀 모시 천을 접고 펴길 하루종일
잡념을 헹구는가 끊임없는 파도 후렴
촛대는 바닷새 불러
세월 물린 솟댄가

하얗게 부서지는 울음들을 달래는가
오롯이 외다리로 대양 향한 지킴이로
불같은 둥근 약속을
아침마다 새긴다

가을 나들이

가는 길

자동차 전용차선 시원하게 달린다
소망회 가을 소풍 청정지역 괴산으로
만추의 우리네 들녘
세월처럼 스쳐간다

맛집

능이를 뒤집어 쓴
오리 물고 신이 났다

냄비를 박박 긁어 부른 배 쓰다듬으며

식후경 금강산인데
금강산도 잊은 듯

산막이 산책

뒤섞인 노인들 중 우리 식구 찾는다
집 나온 어르신들 못 찾으랴 빛난 얼굴
노송길 오르내림에
가을빛이 고와라

체험

탐스런 사과밭에 군침 도는 눈길들이
굵은 놈 너도나도 욕심으로 정신없네
한가득 자족이지요
노란 비닐 찢는다

소금산 추경

섬강물 다리 건너 간현 유원지 물이 맑아
물 따라 편한 걸음 양쪽으로 기암 절경
출렁교 고봉에 묶여 젖힌 고개 흔드네

백로가 낚시하고 철새들이 노니는 내
암벽을 담가놓고 붉은 단풍 흐른다
하늘교 잔물결 따라
어지러운 가을날

족욕(문경)

온천수 따뜻하게 둘러앉은 여행피로
고생한 발마다 삶의 이력 스며있네
발 내음 떼어 놓고서
홀가분한 귀갓길

일터

출근길 지하철로 시간 보는 사람들
방송에 귀를 걸어 내릴 역을 묻고 있다
어미 새 둥지 나서듯
긴장하는 흔들림

치과

치통에 두 손 들고 의사 앞에 입 벌리네.
입 안의 굉음 소리 천둥 치듯 골 울린다
맘대로 뱉지 못하는 삼키고 뱉을 수 없는
억겁 같은 고행 중

늙은 면접

해묵은 이력 놓고 심판을 기다린다
지나간 젊은 경력 꿈인 양 불끈대고
어린 새 먹이 조르듯
식솔 얼굴 스친다

동병상련同病相憐

아내는 한의원에 이 아픈 난 치과 찾아
애마[車]는 시동 말썽 정비공장 가겠다네
노을빛 고운 저녁에
기한 연장 바쁘다

올해도

정월 초이튿날 눈썹 닮은 초승달아
이마에 가득하네 첫 단추 끼운 보람
삼육오 둥근달의 첫 웃음 보름달로 자라듯

울렁증

가을빛 추경 인파 북적대는 한탄강가
이름난 출렁다리 건너가는 인파 속에
땅 돌고 하늘 돌아서
아내 안고 돌아선다

고인의 톡

대화가 오가던 창
차마 닫지 못하네

그대의 생전 모습
목소리도 들리는 듯

허망한 톡 창을 열고
소리 듣네, 눈을 감네

연말에

하루를 돌고 돌아 해바라기 그 자리에
작심들 공수표가 부끄러운 놀 빛 앞에
또 한 번 나이테 걸고
다짐하는 입주름

새도록 덧칠 속에 자화상은 구겨지고
초라함 부끄러움 진땀으로 뒤척일 때
샛별이 반짝이는 말
오늘처럼 살라네

빈 망태

먼 하늘 바라보다 저녁노을 붉게 타네
하루의 갈무리 빛 곱씹는 텅 빈 가슴
또 하나 붉은 덧칠이
똬리 되어 쟁인다

해 질 녘 나그네야 눈가 주름 깊어간다
해마다 이맘 때면 같은 후회 쌓여가지
옛시절 몽당 연필로
일기라도 써야지

한 해를 보내면서

눈 쌓인 장독대에 고개 숙인 저녁 나절
내 마음 항아리 속 설익은 된장 맛에
애꿎은 날씨를 탓하긴
부끄럽지 않은가

돌림판

돌았다 내가 선 땅 공전하는 해를 향해
그 자리 한 바퀴가 일 년이고 하루인걸
찰라로 엮혀 가는 나그네
칠십 년이 우습다

고시촌 공원

예술의 조각공원 흡연에 콜록인다
양심은 꽁초되고 미래가 멀미한다
낮달도 구름에 숨은
비겁한 방관잔가

삼일절

태극기 방방곡곡 만세 운동 배웠건만
아파트 집집마다 국기 게양 드문드문
광화문 패거리되어
국기들고 싸운다

현충일

이 땅을 지킨 영령 초록산에 엎디었다
골짜기 능선 허리 백골들은 흙을 덮고
생각들 함께 우려서 씨간장을 담으라네

산책 모임

팔각정 둘러 앉은 모두가 다 웃는 얼굴
다과들 나눠 먹고 박수 치며 즐거웠네
한 나절 놀고 간 공원
배꼽 찾는 상현달

알밤

유월의 푸른 숲에 남정 내음 풍기더니
여름날 초록 가시 약탕기를 품었었나
가을날 터진 송이에
갈색 형제 빛난다

새해 조찬

해돋이 모임 팀원 설빔 식사 정겨워라
새도록 끓인 진국 떡국 한 살 좋다하네
삼육오 걷는 발자욱
건강 걸음 시니어

솔 그림을 그리며

봄부터 솔향나무 그리려는 꿈 부풀어
여름내 내 붓길은 솔가지만 오락가락
넘치는 나의 욕심을
솔바늘이 찌른다

한라산 백록담

윗새오름 오백나한 주목 단지 탐라의 산
남벽을 바라보며 철쭉 환영 돌길 걸어
흰사슴 물을 마시는
작은 연못 빈 화구

4부 백두대간

대간 길

한마음 품어 오른 우리 땅 능선이라
나누인 물줄기는 동·서해로 강이 되고
정다운 마을들마다
홍익인간 삶의 터

큰 줄기 베개 삼아 드러누운 산등성이
비바람 구름 가는 이 산길의 끝 봉우리
마음은 벌써 천지에
손 담그고 있다네

높은 산 능선마다 연초록빛 길도 고와
진달래 핀 길을 따라 영변 약산 가고파라
철조망 곪은 상처에
무너지는 억장통

지리 덕유산 권역

세석 평전

산객들 북적이던 옛날의 훼손 흔적
벗은 땅 녹화 밴드 회복 더딘 어머니 산
비바람 초록 붕대로
쾌차할 날 애탄다

식생대

군락지 삼지구엽 금강초롱 하늘나리
한 방향 성장나무 키 작은 구상나무
고지대 희귀 식물들
찬 바람이 감싸네

천왕봉

장터목 곤한 꿈 속 일출 보게 하옵소서
통천문 새벽 오름 어둠 속의 큰 바위 봉
일출은 덕을 더 쌓으라
찬 바람이 쫓는다

노고단老姑壇

지리산 산신 할매 서쪽 고봉 전망 좋다
섬진강 아스라히 산 아래에 구례장터
성삼재 천고지 전망
구름 위의 나그네

향기

봉화산 언저리에 산나물 향 기분 좋다
산토끼 낮잠 깨워 취나물과 두릅이라
반기는 초록 산나물
취한 걸음 맴돌고

덕유산을 향하여

깃대봉 무령고개 덕유산권 신선하다
더덕향 진한 산길 장수 계남 아랫세상
바람이 쓰다듬은 골
빗질한 듯 빛난다

향적봉 비껴가는 삿갓봉과 무룡산
지리산 뒤돌아본 내 걸음들 멀고 멀다
동업령 구름 비바람
놀다 간 곳 후텁텁

비에 젖어

동업령 덕유평전 우중 산행 질척인다
오르막 힘을 다해 구름 속 투구봉아
비바람 헝클어진 곳
난장판에 걸음마

삼도봉

복중에 앞서간 비 젖은 산길 미끄럽다
충청도 전라도와 경상도의 만남의 봉
덕유산 구름에 달 가듯
돌아보는 즐거움

속리 소백산권

차동맥

가성산 장군봉과 안갯속 눌의 정상
추풍령 오르막길 차들도 저단이네
대동맥 경부 고속도
위령탑이 묵념 중

사람 단풍

피앗재 만산홍엽 천황봉의 속리산
줄서기 기암괴석 입석대와 신선대
문장대 오르는 인파
단풍들이 웃는다

봄날에

양지쪽 더운 기운 능선에는 겨울바람
산벚꽃 진달래와 산수유 연한 잎새
은치재 자그만 주막
박명 글에 띠 안주

굽이치는 산길

구황봉 땀에 젖어 이만봉 고된 산행
마루금 선명하게 구름 따라 도는 산길
원추리 흔드는 바람
이화령 길 넘는다

새재 일출

조령산 정상에서 해바라기 추운 자세
힘차게 솟아올라 산산골골 붉은 만짐
어두움 몰아낸 사랑
해종일의 하늘 등

소백산권

하늘재 하늘 가득 주먹만 한 별의 별들
바위산 악전고투 대미산 넘어간다
싸리꽃 향기에 취해
소백산이 고개 든다

도솔봉

시루봉 어둠 걷고 구름바다 다봉해야
겹겹이 뫼를 넘어 백두 영봉 그만치
시름들을 베고 누운 산들이
죽령 품에 안겼다

소백산

연분홍 철쭉 꽃길 굽이치는 초록 능선
국망봉 바라보는 그림인 양 녹색 골음
신선한 바람에 젖어
호연지기 푸른 맘

좁은 길 빗물 젖은 마구령 깊은 산중
고치령 한숨 돌린 산신각의 제물 과일
구빗길 숨은 전설들
아름아름 품었다

백두대간 종주

태백산

우리 땅 민족정기 천제단 앞(에) 옷 여민다
옛 조상 제를 올린 돌 제단의 세찬 바람
생 천년 사 천년 주목
단군신화 읊는가

그곳이

새벽길 짐승 깨운 무례함을 용서하오
함백산 정상에서 동해 일출 장관이다
사북골 카지노 불빛
일확천금 뜬구름

매봉산

찬바람 구름길에 풍력발전 세워진 곳
삼수령 낙동 한강 동해 오십천 나뉜 곳
고랭지 만세 합창 배추
바람 날개 돌아라

애국가

두타산 높은 자락 남쪽 능선 겹겹이 산
청옥산 두타산과 고적대의 동해 삼경
뭉클한 마음 가득히
나라 노래 동해 물

관동별곡

비바람 깜깜 새벽 비탈진 눈길이네
빠지고 질척이며 생계령 찾아간다
맘 다한 큰 산길 종주
살을 에는 진 체험

기생 나무

비탈에 큰 참나무 겨우살이 높이 있네
신비한 약초 따는 고생스런 노동 쯤야
진시황 찾았을 가지
선한 환자 불로초

삽당령

병풍산 좋은 풍경 안개비에 숨바꼭질
두리봉 내리달아 삽당령에 녹초 되어
강냉이 동동주 한잔
진부령을 헤맨다

초록 목장

선자령 풍력발전 이국 같은 목초 지대
신선한 풀을 먹여 양들 키운 목장이네
풀 바다 구름 떠가는
초록 풍랑 일렁임

설악산권

구룡령 천십육 고지 초록산 싱그럽다
연분홍 철쭉꽃 길 신갈 굴참 참나무숲
왕승골 비알의 곰취
진한 향내 한 아름

단목령 진땀 지고 점봉산의 높은 눈길
대청 중청 건너 보는 대간 위용 소름 돋네
아찔한 숨은 바윗길
한계령에 숨비음

한계령-희운각

대청봉 동해 전망 넋을 놓고 눈 돌린다
단풍길 맑은 바람 오름 피로 달래 놓고
대피소 바쁜 내림 길
선착순의 잠자리

희운각

대피소 땀 내음도 코를 고는 곤한 잠결
깊은 골 물소리가 별빛 불러 노래하네
꿈속에 설악 신령님
심장박동 조절 중

공룡능선(희운각-마등령)

천불동 갈림길로 바위산 넘나든다
기기묘묘 기암괴석 눈 둘 곳을 몰라라
고운 빛 공룡 갈기 봉
신의 그림 그 붓길

나한봉 마등령에 돌아보는 고운 땀길
풍경들 눈에 담고 맘에 새긴 동영상
설악 속 공룡 능선길
다시 올까 내 나이

마등령-미시령-진부령

백담사

개울물 소리 맑아 님의 침묵 시상인가
별들이 춤을 추며 물 흐름에 장단 맞춤
용대리 맑은 물 따라
돌탑들을 쌓는다

너덜 지역

오세암 동자 스님 성불 얘기 듣는 오름
마등령 올라서니 황철봉에 구름 가네
미시령 만물상 고개
금강산을 닮았다

길의 끝자락

칼능선 좁은 산길 바람 세찬 신선봉
대관령 병풍바위 상봉 넘어 진부령
향로봉 멀리 금강산
가슴 아픈 철책선

회오리 낙엽 지는 스산한 북녘하늘
브이 자 철새 대열 무단으로 넘어가네
구름이 바람에게 묻는다
길이 없어 못가냐고

구룡령

진고개 오르내림 동대산과 두로봉
오대산 비로봉을 비껴가는 능선길
고갯길 아흔아홉 구비
용의 전설 아리랑

5부 안동 권문

안동 권문

불효

잣밭길 좌윤공파 시조始祖 전에 정알례正謁禮라
연원燕園은 고즈넉이 숭모 정신 읊조린다
불참자 청개구리 되어
날씨 탓을 하려나

*정알례-시조께 세배드리는 예식

덕의 향기

문정공 정경부인 고지곡에 산소 있네
후손들 성묫길에 낙동강 물 흐를 적에
뱃사공 민초들 모두
건너 주려 했다네

후덕한 문정공의 시제길로 강 건널 때
은혜를 보답코자 너도나도 업히랬다
민초들 돌보아 베푼
명망 인심 천년 향

*고려감찰 규정 휘 희정 선조의 묘갈명에서

송고공

고려의 젊은 충신 고결하신 송고 선조
조선의 백이숙제伯夷叔齊 고려신하 지킨 기절
염송산 심산유곡에
곧은 신념 숨었네

다섯 번 회유고지 누구라서 물릴손가
순금사 옥살이로 고려절신 남은 명신
예천의 대숲 마을이
피아골을 지킨다

*권초. 좌윤공파17세

사정공 사상

형님의 장례후에 길고도 먼 유배 험로
향일재 토굴 속에 일편단심 선왕 사랑
대잠산 연일 마을에
해바라기 번졌다

사육신 형님 뒤에 생육신 된 맑은 절개
사정공 불의 절의 천년 세월 잊히리까
후손의 임란 의병장들
나라지킨 호국별

*단종의 이모부로 자결하신 죽림공 아우 권산해 19세

귀봉공*

소문난 영특하심 대과급제 이루시고
부임지 곳곳마다 칭송 많은 다스리심
모 부인 모신 효심 함께
목민심서 쓰셨다

모 부인 선견지명 귀한 스승 제자되고
각처의 협력모아 옥산서원* 창건했네
목민의 명망 인심이
비석 글에 전한다

*권덕린. 24세
**회재 이언적을 기림

운곡서원

시조의 본향 경주 운곡서원 건립했다
각 종중 귀한 뜻과 옥산서원 후손보은
태사공 신도비 깊은 울림
이백여 년 압각수*

깊은 골 물을 불러 용추적벽 유연정
경덕사 선조 위패 숙연함의 맞배집
정의당 두손 여미는 마루
숭모정신 자긍심

*은행잎이 오라발을 닮았다 하여 압각수로 불렸고 시 보호수 이다

향사

봄향기 진동하는 마당 가득 도포 자락
봄 향사 후손 모여 숭모 예절 엎드렸다
압각수 삼백 년 세월
이어가는 안동 권문

가을 서원

여름내 초록 양산 진한 햇빛 가려주다
가을빛 노란 사랑 추객들을 맞이하네
오리발 황금 양탄자
귀한 손님 모신다

압각수 황금 카펫 초록 선녀춤을 추네
충효의 운곡서원 이름 빛난 가을 정취
권문의 서가 어린 터
찾는 시민 많구나

노란빛 양탄자에 음악회가 열린다네
영글어 구름 따라 걸어 보는 깊은 가을
해설사 서원 이야기
우리 선조 자긍심

연원 모임

연원재 제비 닮은 지세 좋은 곳인가요
파문들 운영회의 숭모정신 빛난다
제비의 박씨 보화가
모임 위에 담기고

잣밭길 돌아 올라 서기로운 연원제단
좌윤공 파종 선조 고이 누운 성지여라
흰 구름 낮달괴 함께
쉬어가는 사랑 터

연원의 여름

연원재 배롱나무 백일 동안 붉다던가
초록빛 어우러진 숭모 정신 품어 안고
권문의 슬기와 지혜
세세 무궁 하여라

기로연

어른들 모신 자리 가족보다 극진하네
긴 세월 삶의 흔적 존안마다 훈장 가득
기로연耆老宴 공손 잔치에
건강 사랑 빛난다

용추기운

등용문 대과급제 상징 잉어 쏘가리라
학 그림 비상하고 꽃 중의 꽃 연꽃 피네
유연정 지으신 큰 뜻
맘에 새겨 오르리

*우물 반자 천장에서 발견한 그림을 보며.(2024. 9. 3.)

산불을 보며

큰 산불 꺼졌다니 천만 다행이로다
연원재 오는 제비들 염려 기원 들었나
잣밭길 피한 큰 불길
감사 기도 드린다

시연공 업적

비문을 해설하고 원고 쓰는 긴 세월이
기자의 산 경험이 힘이 되고 빛이 났네
뉘라서 조상 공적을
쉬이 알게 하리요

문중들 돌고 돌아 조상 덕망 묻고 물어
칠백 리 역사의 책 펼쳐 묶어 내놓았다
해박한 재능 지식을
족친 함께 나누세

*공파 회장 권오신 35세

| 평설 |

서정의 눈으로 그린 삶의 풍경

— 권택범 시조의 진정성과 사유

이석규

(사)한국시조협회 명예이사장, 가천대 명예교수

1. 들어가며

권택범 시인은 맑고 깨끗한 분이다.

무엇을 바라보든 눈은 언제나 있는 그대로를 본다. 순수하고 정직한 거다. 게다가 섬세하고 예리하다. 더 넓게, 더 깊게 접근하기 위한 관찰과 통찰을 쉬지 않는다. 그것은 격물치지(格物致知)를 이루고자 하는 끊임없는 자기 연단일 것이다.

그는 매우 부지런하다. 잠시도 쉬지 않고 보이는 모든 일을 처리한다. 더욱이 남이 보지 못하는 일도 찾아서 해결해 낸다. 내 일 남의 일이 따로 없다. 특히 공적 일에서는 정확한 상황판단으로 필요를 담박 알아차리고 아주 엽렵하게 정리하고 도우며 해결한다. 놀라운 것은 남들에게는 힘든 일이 그의 손안에서는 쉬운 일이 된다. 아예 그 일이 어려운 일일 거라는 생각 자체를 안 하는 것 같다.

그는 또한 여러 가지 분야에 많은 재능을 가지고 있다. 원예와 식물 분야에 조예가 깊다. 산과 들에 있는 수많은 꽃이나 풀 그리고 나무에 대하여 그 특성은 물론 효용성까지 넓고 풍부한 지식을 가지고 있으며, 그것을 일상생활에 잘 활용할 줄 안다.

그가 미술을 전공하지는 않은 것 같다. 그러나 미술을 전공한 사람들 못지않게 그림을 좋아하고 잘 그린다. 그가 다니는 '더 사랑의 교회'에서 크고 작은 광고나 게시물을 그리는 일을 주도하기도 했다.

그는 성실한 크리스천이다. 장로나 무슨 직분을 맡지는 않지만 보이지 않는 봉사와 무엇보다도 믿음의 주체이신 예수 앞에 항상 경건하며 성실을 다하고자 한다. 일상생활에서 선함과 겸손과 봉사를 행동으로 보여 주는 사람이다, 당연히 인간관계에서도 부드럽고 긍정적이다. 언제나 일이 되는 방향으로 작용하고 힘쓰고자 한다.

언어적 감각도 아주 좋아서 뒤늦게 시조를 배우더니 금방 시인으로 등단하였다. 아직 직장 일 등으로 매우 바쁘게 지내는 것으로 알고 있는데, 몇 년 지나지 않아 시조집을 내다니 감탄하지 않을 수 없다. 충심으로 축하드린다.

예술가로서, 시인으로서 큰 경지 이룬다는 것은 쉬운 일이 아니다. 자질이나 수련에는 한계가 없기 때문이다. 따라서 앞으로 언어운용 예술성 기타 분야를 치밀하게 개발하고 발전시키는 일에 더욱 매진해야 할 것이다.

그러나 늘 사색하고, 묵상하며 내적 발전을 위하여 성찰하는 그의 일상을 볼 때, 시인으로서 깨달음이나 기량면에서 상당한 경지에 이르게 될 것으로 믿고 기대한다.

2. 고향

지난 100여 년의 세월은 워낙 급변하는 시대였기 때문에, 나이가 든 분들은 너무나도 달라진 현실 속에서, 대부분이 힘들었지만 자유롭고 따뜻했던 어린 시절의 많은 추억을 그리움 속에 소중하게 간직하고 있다. 권택범 시인도 예외가 아니다.

(1) 어리던 날

초록빛 떡갈 신갈 푸나무 한 짐 지고
무논에 흩뿌려서 첨벙첨벙 밟아대곤
갈색 물 우러날 때면
풍년 꿈에 젖었지

비탈진 언덕배기 보리 이랑 반짝이고
두메 골 다락무논 정겨운 소몰이 가락
골 가득 메아리 소리
봄 여무는 한나절

-「고향의 봄」

옛날 어린 시절 봄 한 철 농사짓던 산골 마을의 정경과 그 속에서 성실하게 농사짓던 정직한 농부들의 동적인 일과가 그림 같이 묘사되어 있다. 소박하지만 인심 좋던 농경 시절에 대한 추억이 저절로 고개를 든다.

산나물 뜯으려고 산등성 돌고 돌아
향기가 흐르도록 머리에 이고 지고
오일장 정겨운 흥정
간고등어 몇 마리

-「산나물」

그 시절은 가난했다. 농사짓는 나머지 시간에 주로 아낙들은 산나물을 뜯어온다. 집에서 먹기도 하지만 장이 설 때는 장마당에 내다 팔기도 한다. 산나물을 뜯어 팔고 그 돈으로 식구들 특히 아이들이 아주 어쩌다 맛볼 수 있는 간고등어 몇 마리를 사 들고 으쓱하는 마음으로 돌아오기까지 하루의 삶의 모습을 단시조 한 수에 간결하게 담고 있다. 쉽지 않지만 부지런한 일상과 가족, 자녀들에 대한 소박한 애정이 스며 있다.

겨울밤 문설주에 달그락 나무 문패
잠 못 드는 새벽녘에 문풍지 바람 소리
더더욱 소름이 돋네
앞산 골 여우 울음

그런 날 아침이면 어느 지붕에 망자의 옷
그놈이 어찌 알고 이른 문상 했었을까
생과 사 미리 아나 봐
묘지라도 파려나

-「여우 이야기」

문명의 이기가 사회를 지배하기 이전의 농촌은 알 수 없는 신비로운 이야기가 많이 있다. 그런 예의 대표적인 '도깨비'라는 어휘는, 신비롭지만 속담에만 살아 있다. 여우, 호랑이, 귀신 이야기들도 많이 있다. 그러한 이야기들이 아날로그 이전 사람들, 특히 어린이들을 종종 두려움에 빠뜨리곤 했다. 그리하여 권선징악(勸善懲惡)을 강조하는 교육수단으로 적용되기도 했다. 이런 작품들을 통해, 우리가 잊고 살았던 옛사람들의 때로는 어리석다고 느낄 만큼 순진한 모습과 함께, 두려운 일을 두려움으로 여기던 시대에 대한 향수를 불러일으킨다.

(2) **어머니**

등에는 아이 업고 머리엔 한 짐 이고
고갯길 땀 흘리며 이사하는 어린 새댁
길옆에 단풍잎 하나
원 그리며 떨어진다

상수리 큰 나무숲 완만한 마루턱에
누른빛 개를 닮은 산짐승과 마주칠 때

큰애는 돌 주워들고
엄마 앞에 나선다

한 많은 이삿길은 무섭고 어려웠지
새 삶터 찾아가는 진땀 나는 설운 그날
엄마는 용감한 여자
철부지들 울타리

-「이사 가는 길」

아빠는 부재다. 아기와 사내아이 하나, 어른이라곤 엄마 혼자서 인적 없는 숲속 길 지나 업고이고 이사하던, 화자의 어느 어린 날의 회상이다. 외롭고 무서운 상황과 미래가 불안한 한 가족의 서러운 이야기다. 모든 것을 결정하고 자식들을 보호하는 엄마에 대한 신뢰와 무서움에도 불구하고 엄마를 도우려고 용기를 내던 한 아이의 진정이 잘 나타나 있다. 어린 날, 아빠 없는 한 가족의 이사하던 한 장면이 꿈결처럼 안쓰럽다.

연한 순 앞세우고 하얀 얼굴 수줍어라
들과 산 척박한 땅 넝쿨 지어 품어 안고
낮달도 쉬었다 가는
하얀 내음 엄마 꽃

-「찔레꽃」

희고 소박한 그러나 넝쿨로 척박한 땅을 품어 안고 있는 마음씨 착한 찔레나무와 꽃 이야기다. 맑은 향기가 은은해서 낮달이 쉬었다 갈 만큼 예쁘고 예쁜 찔레꽃, 시인은 소박한 찔레꽃에서 친근하고 다정한 엄마를 느낀다. 그렇게 포근하다.

선달의 엄마기일 서럽고 짧은 일생
오십 년 배고픈 삶 떠나신 지 사십여 년
이 밤도 별빛 되어서
먼 길 달려 오소서

칠 형제 키우시다 신당골에 누우셨네
가신 자 언제였소 노인이 된 우리 형제
추억은 소쿠리 보리밥
먹기 바쁜 철부지들

달 뜨는 밤이거든 산 노루 벗하시어
싸리꽃 향기 따라 이승을 거니시다
소쩍새 슬피 울어도
못 들은 척하세요

-「사모곡」

어린 시절을 배경으로 한 작품이 아닌가. 어머니가 세상을 등지신 지 40여 년이 지난 기일을 맞아, 어머니를 추모한다.

물려받은 가난 속에서, 어머니 홀로 7형제를 키우시느라 얼마나 힘드셨을까? 소쿠리에 보리밥을 담아줘도 남김없이 다 먹어치웠을 일곱 형제들 뒷바라지에 어머니는 늘 배곯으셨다. 정말로 마음 편히 따뜻한 식사 한 번이나 못 하셨을 것이다. 이제는 떠나실 때의 어머니보다 20살은 더 많은 나이가 되었다. 비로소 먹고 살 걱정, 자식들 키우는 근심, 염려로 여념이 없으셨을, 말로 표현할 수 없는 어머니의 고통과 고난을 진심으로, 구체적으로 이해를 하는 것이다. 그 시대의 상황이나 형편 언제나 쉬지도 못하고 종종 뛰시는 어머니에 대한 애절한 안타까움이 화자의 마음을 적시고 있다. 제목 그대로 어머니를 그리워하는 사모思母의 노래다.

(3) 동시조

가을날 장마 멈춘 오솔길 버섯마을
부끄러워 숨었나요 꼬마 지붕들 밑으로
까르르 웃음소리에
포자 가루 날리네

-「동화 마을」

버섯이 군락을 이룬 조그마한 땅을 보며 그것을 의인화하여 동화처럼 아름답고 재미있게 형상화한 멋진 작품이다.

주홍빛 감 홍시가 혼자 남아 흔들리네
참새가 부리 가득 붉은 단맛 파고 있다
낮달도 부러운 듯이
숨어보며 입다심

-「까치밥」

다 따가고 홀로 남은 까치밥 홍시 하나를 참새들이 맛있게 파먹는 모습을 낮달도 부럽게 보고 있다. 어린이의 감수성으로 읊은 아름다운 동시조 작품이다. 보잘것없어 보이는 홍시의 효용과 가치를 크게 살려내고 있다.

3. 삶 속에서

(1) 애환

둥근달 하늘 가득 은빛 빨래 널어놓고
물소리 바람길에 돌아눕는 청정 산림
고라니 새끼 데리고
찬 이슬에 젖는다

-「남대리 새벽」

새벽의 맑은 하늘, 아직도 남아 있는 새벽달, 달빛 그리고 많은 것을 품고 있는 산림의 청정함, 문명이 발을 들이기 이전의 자연의 아름답고 삽상한 자연과 자연에 속한 약하고 순결한 생명들의 모습을 따뜻한 정감으로 형상화하고 있다.

치통에 두 손 들고 의사 앞에 입 벌리네.
입 안의 굉음 소리 천둥 치듯 골 울린다
맘대로 뱉지 못하는

억겁 같은 고행 중

-「치과」

치과 치료의 불편하고 참기 어려운 현상을 짧은 단시조 한 수로 효과적으로 보여 준다.

아내는 한의원에 이 아픈 난 치과 찾아
애마(車)는 시동 말썽 정비공장 가겠다네
노을빛 고운 저녁에
기한 연장 바쁘다

-「동병상련(同病相憐)」

사람이나 물건이나 세월 가면 늙고 낡아지게 마련이다. 그러나 요즘은 문명이 발달해서 가구나 사람의 육신의 각 부분을 여러 번을 고쳐 쓸 수 있다. 100년 전에 비하면 사람은 평균 수명이 두 배 이상 늘어났고, 인간이 사용하는 도구도 품질이 비할 수 없을 만큼 좋아졌다.

그러나 근본적인 면에서는 변한 것이 없다. 광대무변(廣大無邊)의 섭리 아래서 생의 종말을 피할 수는 없는 것이다. 따라서 아쉽고 허무한 느꺼움을 온전히 지울 수는 없는 것이다. 시의 화자는 인간이 사용하는 도구도 마찬가지라는 것을 발견하고 그 공통점을 통하여 피할 수 없는 느꺼움을 보다 사실적으로 고백하고 있다.

대화가 오가던 창 차마 닫지 못하네

그대의 생전 모습 목소리도 들리는 듯
허망한 톡 창을 열고
소리 듣네, 눈을 감네

-「고인의 톡」

나이가 들면서 주변에 가까이 카톡 하던 분들이 세상을 뜨는 경우가 생긴다. 창은 그냥 남았는데, 결국 지워 없애야 하겠지만, 그때마다 무심할 수가 없다. 누구나 그 대상이 될 수 있고, 화자 자신도 예외는 아니다. 느꺼움이 없을 수 없다. 다른 세상으로 떠나간, 다시는 볼 수 없는 사람에 대한 감회가 애잔하고 허전하다

(2) **사색과 성찰**

길섶에 민들레꽃 해 가릴라 밟힐세라
살짝이 피었다가 낙하산에 씨를 달고
서러움 하늘에 가득
날아가네 멀리도

노란 꽃 척박한 땅 초록 톱날 보초 세워
높다란 솟대 위에 하얀 결기 둥근 무장
하늘을 치솟는 공수군단
점령 못 할 땅 없지

흰 나래 채비하고 순풍을 기다린다
척박한 고향 떠나 가나안 약속의 땅
미소 꽃 노란 사랑이

에덴동산 열었네

-「민들레 홀씨」

민들레 홀씨가 아주 먼 곳, 하늘이 정해준 젖과 꿀이 흐르는 가나안 땅까지 날아갈 수 있는 홀씨를 준비 완료하기까지의 과정을 문명어를 활용하여 잘 표현하고 있다. 하늘의 축복대로 마음껏 잘사는 내일을 믿고 소망하는 사람의 가치관이 잘 드러나 있다. 전반적으로 메타포가 볼만하며 전체적으로 잘 짜인 작품이다.

눈 쌓인 장독대에 고개 숙인 저녁나절
내 마음 항아리 속 설익은 된장 맛을
애꿎은 날씨 탓만 하긴
부끄럽지 않은가

-「한 해를 보내면서」

한 해를 돌아보면서 계획했던 결과, 곧 일의 성과나 내적 발전의 모습에 대하여, '설익은 된장 맛'은 완숙하지 못한 사람 또는 성과를 제유(提喩)로 맛있게 표현한 작품이다. 그 결과를 냉정하게 평가하되 핑계를 대거나 변명하지 않는 정직함, 자신에게 엄격한, 화자의 성숙함이 돋보인다.

봄부터 솔향 나무 그리려는 꿈 부풀어
여름내 내 붓길은 솔가지만 오락가락
넘치는 나의 욕심을
솔 바늘이 찌른다

-「솔 그림을 그리며」

예술작품의 창작 과정에서 그 분야의 자질이나 축적된 기량 그리고 상상력이나 창의력들이 중요하지만, 그에 못지않게 필요한 것은 성실이고 열정이다. 그런데 시의 화자는 열정이 과도한 욕심이나 욕망에 빠지는 약점이 있음을 발견한다. 그리고 그것을 경계하고 있다. 이러한 발견은 깊은 내면적 성찰 끝에 도달할 수 있는 결과인 동시에, 그러한 집중 속에서 영감으로만 얻어지는 깨우침이다. 작품 창작 과정 동안 시인은 줄곧 신독(愼獨)의 경지를 노닐고 있음을 알 수 있다. 신앙으로 몸에 밴 겸손의 기품이다.

4. 참여와 풍자

문명의 찌든 자만 달빛마저 가리우고
정월달 대보름도 귓등으로 듣는 세상
우주선 선무당 되어
옥 토끼를 쫓는가

세상의 찌든 먼지 달빛을 흐리는가
이야기 할머니는 등 떠밀려 요양가고
옥토끼 계수나무 터
토지 수용 당했나

제 바쁜 세상 속에 대보름을 잊었나

궁금한 동심들은 엄마 등쌀 학원 가고
고운 결 은빛 나래가
빈 놀이터 지킨다

-「달 이야기」

문명이 일상화되지 않았던 시절, 우리에게는 삶과 자연이 어울려 만든 아름다운 꿈과 동화와 설화들이 있었다. 이 시조는 그것을 짓뭉개고 압도해버린 현대문명의 횡포를 고발하는 작품이다. 자연현상이나 생활 주변에 일어나던 많은 이야기를 통하여, 풍성하고 따뜻했던 동심의 소중함을 시의 화자는 지키고 싶다. 그런 꿈을 자녀들 손주들에게도 되살려 주고, 풍성한 감성과 인정을 복원시켜주고 싶은 것이다. 우리의 소중한 것들에 대한 시인의 안타까움이 담겨 있는 문명 풍자시라고 할 수 있다.

이밥에 쇠고깃국 천리마에 당근 약속
칠십 년 공수표에 속고 사는 우리 동포
고봉밥 진수성찬을
줄 수 없는 허리통

-「이팝나무꽃을 보며」

활짝 핀 이팝나무꽃을 바라보며, 허기 속에서 일생을 사는 북한 동포를 생각한다. 거짓 선동에 속고 인권탄압에 속았다. 100여 년이 저만치인데 아직도 벗어날 길이 요원하다.

부엌 창 멋진 그림 흰 눈 이고 선 소나무

다시 본 그림 창에 꺾여진 청솔 나무
무거운 오합지졸이
지고지순 짓밟네

-「습설이」

화자는 습설(濕雪)을 좋아하지 않는다. 사실 습설이 내리기 시작한 것은 그리 오래되지 않은 것 같다. 전에는 오히려 싸락눈이 많이 내렸다. 오염 이전 온대 기온이었던 시절 우리나라의 하늘은 겨울에 날씨가 흐려도 그다지 습기가 많지는 않았던 것 같다. 그런데 온난화 현상이 생기고, 아열대로 기후의 변화가 일어나면서, 겨울에 내리는 눈도 싸락눈은 없어지고 습설이 많아졌다. 그 결과 겨울에도 나뭇잎이 촘촘히 남아 있는 소나무 등 상록수들은 눈이 나뭇잎 사이에 싸여서 그 무게를 견디지 못하고 찢어지고 부러져서 숲이 망가져 버리고 마는 현상이 일어난다. 더구나 우리나라의 표상이라고 할 만한 아름다운 소나무 숲이 크게 훼손되는 현상이 일어나는 것이다.

시적 화자는 이처럼 금수강산이 파괴되는 것을 참지 못해 한다. 우리 자연 본연의 그 아름다움이 사라져 가기 때문이다. 전래의 자연과 거기서 이루어 낸 본유의 문화를 진정으로 사랑하는 화자의 마음에 전적으로 공감한다.

5. 기행 시조

한마음 품어 오른 우리 땅 능선이라
나누인 물줄기는 동·서해로 강이 되고
정다운 마을들마다
홍익인간 삶의 터

큰 줄기 베개 삼아 드러누운 산등성이
비바람 구름 가는 이 산길의 끝 봉우리
마음은 벌써 천지에
손 담그고 있다네

높은 산 능선마다 연초록빛 길도 고와
진달래 핀 길을 따라 영변 약산 가고파라
철조망 곪은 상처에
무너지는 억장 통

-「대간길」 전문

이 작품은 백두 대간 전체를 어우르는 서시(序詩)라고 할 수 있다. 산줄기가 우뚝 솟아 내리흐르며 동서로 펼쳐지고, 그 사이사이 굽이 따라 흘러가는. 개여울, 강물 따라 골짜기마다 백성들이 모여들어 소박한 삶을 이루어 왔다. 옹기종기 모여 있는 마을마다 우리 조상들의 애환과 삶의 이야기가 깃들어 정겹기 그지없다. 아름다운 진달래가 눈에 띄면, 그 꽃길을 따라 소월(素月)이 누렸던 영변 약산을 가고 싶다. 백두 대간의 출발점인 백두산 천지로부터 금강, 설악, 태백으로 웅장하고 수려한 경관들이 출렁거리며 이어진다. 그냥 생각만 해도 가슴이 뛴다. 아득한 옛날 단군성조(檀君聖祖)께서 홍익인간(弘益人間) 곧 만백성이 평안하고 행복하게 사는 나라를 만들겠다는 이념으로 이 나라를 건국하셨다. 그러나 이 나라는 80여 년째 삼팔선에 이어서 휴전선으로 갈라져 있다. 그 아픈 가슴을 노래하지 않을 수 없을 것이다.

이렇게 시작한 그의 「백두 대간 종주 I」은 지리, 덕유산 권역圈域, 속리, 소백산 권역을, 「백두대간 종주II」에서는 태백 설악산 진부령까지의 권역을 도보로 남에서 북으로 걸으면서 쓴 기행 시조들이다.

그의 상당 부분을 차지하는 국토기행시조에 대하여 일일이 거론하는 일은 지면 관계로 생략하고자 한다. 그러나 권 시인의 기행 시조는 지역마다 봉우리마다 다양하고 풍성한 내용을 담고 있다. 그것은 주로 계절과 장소에 따라 변하는 자연의 아름다움을 때로는 심미적으로, 때로는 애정과 긍지로 표현하고 있다. 특히 지역마다 속해 있는 명승고적(名勝古跡)을 존숭하는 마음으로 노래한다. 지역의 특성과 그곳 선인들의 자취, 그리고 역사적 통찰과 현실적 민족의 문제들을 살핀다. 그의 작품에는 귀하고 소중한 우리 유산을 어떻게 하든지 잘 보존하고 즐기고 사랑해야 한다는 마음이 애틋하게 스며 있다.

요컨대, 그의 여행 시조는 자연사랑, 역사적 문화유산 사랑, 국토 사랑과 애국애족의 간곡한 진정이 다양하고 풍성하게 잘 드러나 있다고 하겠다.

권택범 시인의 기행 시조는 이 외에도 많은 작품이 있지만, 특히 의좋고 봉사와 회의 발전에 충심(衷心)을 다하기로 유명한 더사랑의교회 소망회(시니어 성도들의 모임)에서 함께 나들이하면서 체험한 각 지역의 정서와 분위기를 서정적으로 접근한 시조들도 많이 보인다.

6. 안동 권문

권택범 시인의 본관인 안동 권문(安東權門)에 대한 깊은 애정과 자긍심을 갖고 있다. 당연히 가문의 선조들을 숭모하는 마음을 표현하는데 정성을 다하고 있다. 가문의 선조님 중에 덕망 높은 여러 인물, 예컨대 축덕, 충신, 충성, 효도를 다 한 명망 있는 선조들에 대하여, 그리고 대대로 이어오는 제례의식(祭禮儀式), 세시풍속을 포함하는 가문의 전통과 내력 나아가 서원, 향교, 향사 일까지 깊은 자랑과 자긍심을 표현하고 있으며, 그것을 후손에게 전수하고자 한다.

그중에 덕망이 높은 분을 찬양하는 시조 한 편과 현대의 젊은 청년으로서 권문(權門)을 위해 공이 큰 젊은 인재를 기리는 작품 두 편만을 살피고자 한다.

문정공 정경부인 고지곡에 산소 있어
후손들 성묘길에 낙동강물 건널 적에
사공은 민초들 모두를
건네주곤 했다네

후덕한 문정공의 사제길로 강 건널 때
은혜를 보답코자 너도나도 업히랬다
민초들 돌보아 베푼
명망 인심 천년향

-「덕의 향기: 고려감찰 규정 휘 희정 선조의 묘갈명에서」

고려시대 감찰 규정을 하던 권희정 선조의 덕을 베풀고 백성들이 그 은혜에 크게 감동하였다는 이야기를 형상화한 작품으로, 벼슬의 지위의 문제가 아니라 덕을 베푼 일에 가치를 두고 있다는 점에 더욱 공감이 간다.

비문을 해설하고 원고 쓰는 긴 세월이
기자의 산 경험이 힘이 되고 빛이 났네
뉘라서 조상 공적을
쉬이 알게 하리요

문중들 돌고 돌아 조상 덕망 묻고 물어
칠백 리 역사의 책 펼쳐 묶어 내놓았다
해박한 재능 지식을
족친 함께 나누세

-「시연공 업적」

공파 회장을 하는 35세의 젊은 가문의 인재가, 집안 어른 들의 비문을 연구하고 문중 선조들의 덕망과 업적을 기리는 서적을 저술한 일에 대하여 칭찬하는 작품이다. 가문의 일에 힘을 모으고 싶은 화자의 충정이 잘 나타나 있다.

7. 마무리

권택범 시인의 작품은 어린 시절의 아름다웠던 일들을 소재로 많은 작품을 창작했는데, 한결같이 가난과 어려움 속에서 열심히 살았던 일, 정겨웠던 사람들 이야기, 아름다운 자연에 관한 심미적 관찰 등을 담고 있다. 이 모든 것에 대하여 그의 시조는 항상 그립고 애잔한 심정이 잔잔하게 나타내고 있다.

그의 서정은 맑고 깨끗하며 정답고 따뜻하다. 상황이 어렵고 힘이 약해도 긍정적이다. 때로는 분에 넘치는 용기로 이겨나가는 모습을 볼 수 있다. 그가 생각하는 힘은 남과 투쟁하여 이기는 데 있지 않다. 오히려 약자를 돕고 보호하는 데 있다. 더구나 어머니에 대해서는 특히 부친이 안 계셨기 때문에 아주 어린 시절부터 보호 본능을 지니고 있음을 볼 수 있다. 그래서 한평생 힘들게 사신 어머니에 대한 사모의 정이 더욱 애틋한 것 같다.

권택범 시인은 깊은 사색과 묵상 그리고 진지한 성찰을 통하여 겸손하게 돕는 손길이 되기를 소망한다. 마찬가지로 모든 일에 협력하며 건설적 방향으로 나아가고자 한다.

이웃이나 사회의 잘못된 것을 지적은 하되 비난하지는 않는다. 무너뜨리는 것과 더럽히는 것을 풍자하고 고발하되 날을 세우지는 않는다. 안쓰러운 감정으로 따뜻하고 평안한 사회가 되도록 마음과 힘을 보태려 한다.

자연을 사랑하며 자연의 아름다움과 기세를 보고 발견하며 누리는 일에 대한 놀라움 과 찬양 그리고 민족적 뿌리에 대하여, 가문에 대하여 긍지와 소중히 생각하는 마음을 볼 수 있다.

특히 관찰과 통찰이 남다르며 끊임없이 상상력을 집중하여 창작하고자 한다. 감수성이 섬세하며 투명하다. 따뜻한 인정과 세상에 대한 애정의 눈길을 시조에 담아내려는 의욕과 열정이 남다르다.

그는 앞으로도 쉬지 않고 성실하게 한 땀 한 땀 자신의 시 세계를 구축하여 나아갈 것이다. 이러한 모든 자질과 방향성에 대하여 기대하며 응원한다.

권택범 시조집

솔 그림을 그리며

1판 1쇄 발행 2025년 10월 31일

지은이 | 권 택 범
펴낸곳 | 열린출판
등록 | 제 307-2019-14호
주소 | 경기도 고양시 덕양구 권율대로 656, 1401
전화 | 02-6953-0442
팩스 | 02-6455-5795
전자우편 | open2019@daum.net
디자인 | SEED디자인
인쇄 | 삼양프로세스

ISBN 979-11-91201-97-0 03810

*책값은 뒤표지에 표시되어 있습니다.
*저자와 협의하여 인지를 생략합니다.

협찬: 안동 권문 운곡서원